Hacia Yukahú

Hacia Yukahú

Ricardo Cabrera

Zompopos
El libro es un Zompopo

Hacia Yukahú
Copyright © Ricardo Cabrera (Ricardo Rafael Cabrera Núñez), 2017
© D.R. The Zompopos Project: El libro es un Zompopo
    Élitro Editorial del Proyecto Zompopos
    http://editorialzompopos.blogspot.com/
    E-mail: AlaEditorial@zompopos.org

Imagen de portada: foto "salitre sobre acero" © D.R. Keiselim A. Montás

Todos los derechos reservados.
No se permite la reproducción total o parcial, en ningún medio o formato, ya sea electrónico o mecánico, incluyendo fotocopias, grabaciones, o por parte de cualquier sistema de almacenamiento y recuperación de datos —exceptuando a reseñantes y críticos quienes podrán citar breves pasajes para reseñas en revistas o periódicos— sin la autorización previa y por escrito del titular del copyright. Se ruega no participar ni fomentar la piratería de material bajo copyright en violación de los derechos de autoría. Comprar solamente ediciones autorizadas.

All rights reserved.
No part of this book may be reproduced or transmitted in any form or by any means, electronic or mechanical, including photocopying, recording, or by an information storage and retrieval system —except by a reviewer who may quote brief passages in a review to be printed in a magazine or newspaper— without permission in writing from the holder of the copyright. Please do not participate in or encourage piracy of copyright materials in violation of the author's rights. Purchase only authorized editions.

ISBN 10: 0-9788597-4-X
ISBN 13: 978-0-9788597-4-9

Hecho e impreso en EE.UU. / Made and Printed in the USA

¡oh! jugador,
agarro mi gran rueda de espanto,
despernancada,
y la arrojo contra las estrellas,
arriba del cielo, más arriba del cielo
que no existe.

Pablo de Rokha

Índice

Prólogo	xiii
Sangre versátil	1
Galeones	2
Rémora la rema	3
1492 en tus ojos de endriago	4
Casas y Cosas	5
Llueve metal	6
Comedia	7
Capitulaciones	8
RES NULLIUS	9
Arcabuz	10
Punto.	11
La caza	12
Dujo vs. Catedral	13
Haijin de yuka	14
espinela evangelizadora y sucesos infaustos de la anterior gestión a la tierra de los perros	15
EnTroPisMo	16
Historia del rapto de Asunción	17
INDO—EUROPEO (fábula)	18
... ...	19
Naborian Rock	20
Oficio de tinieblas	21

Kyrie	22
0vand0	23
noctífago	24
invierno / infierno	25
...TRÁNSITO	26
325	27
Nuova vita	28
Qasida Negra	29
las f(l)echas de(l) ámbar	30
Sendero de doce versos	31
CENTURIAS	32
lXs otrXs	33
Cruzada 0	34
Máquina abstracta	35
Puerta de sal	36
Grimorio de la yuka	37
homenaje a un país muerto	38
Educare	39
agüero	40
Levente	41
Hilo ancestral	42
...caos después del caos...	43
Reliquia transcendental	44

Prólogo

Nosotros conocíamos cohoba y caos

*No escribiré sonetos
mi idioma será el Yuna.*

Ricardo Cabrera

Escribir un libro sin pretensiones cuando se tiene el tiempo a favor no tendría por qué representar una proeza. Más bien entraría en cualquier lista de normalidad. Si tomara solo el criterio tiempo ¿y por qué no? disposición, *Hacia Yukahú* carecería de cualquier mérito entre las obras de intención trascendental. Pero hay un detalle insignificante: contra todo pronóstico, el poemario carece de cualquier pulsación o deseo de grandeza. Las piezas que componen *Hacia Yukahú* reconstruyen una geografía sincopada por el ritmo, la forma y el anacronismo de un areíto en los lenguajes del siglo XXI. Ricardo Cabrera construye poema a poema la carnadura de una tierra errante. Pasa indistintamente de las ceremonias de los behíques al desguace perpetrado por un sistema social superior a la mano ejecutoria de cualquier tirano. Y en medio de cada figura, hilos que tejen un artefacto lúdico, post estructuralista y de irónico rechazo al vacío. *Hacia Yukahú* se convierte entonces en el trayecto que nos dirige a una suerte de oeste en el que las palabras han perdido el significado.

Entre poema y poema la música, la cohoba y la electricidad cambiaron de identidad, son uno guatiao de otro. Esa transformación de la identidad lingüística, los neologismos y arcaísmos tintan los versos de un barniz ocre. Ricardo consigue que las palabras pierdan la edad mediante el mecanismo usado por los artesanos para avejentar la madera. La vejez impostada en las palabras hace que el cuadro generado a través de los restos culturales de los primeros habitantes de la Hispaniola, encajen en la modernidad del siglo XXI sin perder su aroma a yerbajos trenzados o a terror ante el dios Huracán. Quizá tenga que ver con las ideas y búsquedas que en conversaciones ha manifestado. Hay ocasiones en las que dice "¿Y por qué debo estar de un lado o de otro" "¿Por qué tengo que apoyar una postura o la otra?" Caigo en el campo de la especulación. Pero me atrevo a insinuar que lo incierto, la añoranza de la cohoba y la hostilidad hacia el poder recurrentes en *Hacia Yukahú* forman parte del corpus de esa búsqueda. Ezra Pound, Luis Días, Zacarías Espinal, Spinetta, Tom Waits y Góngora forman parte del sistema nervioso sobre el que encarna Ricardo Cabrera su poética. Parte de la premisa, y aquí parafraseo su *Libro de Sayo**, de que no hay equilibrio, pero tampoco hay no hay. Asumiéndolo desde ahí, tanto un manatí como una stratocaster para Cerati poseen las mismas dimensiones místicas. No obstante, Ricardo defiende el arte por el arte. Es decir, un poema se sostiene en sí mismo sin una intención ulterior a la de ser poema. Sobre todo por esa comprensión de la poesía, la carnadura que compone cada poema viene nutrida con elementos de todos los tiempos y de todas partes. Sin ánimo de pretensión, podría ser una referencia a lo fractal. En otras palabras, lo que compone a gran escala *Hacia Yukahú* es lo mismo que construye cada una de las piezas.

En Ricardo confluyen las referencias rítmicas, alquímicas y propias del quehacer de las calles. En él, Góngora cabe en el escupitajo de un motoconchista y existe poca o ninguna diferencia entre el cuerpo de Celan y el de Rafo goteando por el puente de la 17. ¿Quiere decir que el poemario está hecho basado en principios matemáticos o que responde a una estructura de relojería? Nada que ver. Desde mi lectura, *Hacia Yukahú* es una presentación de hechos pasados por la interpretación. Fecundo en ardides estilísticos, vestido con emociones chocantes entre sí hasta la extenuación en ciertos puntos. Quizá por esa misma intensidad de colisiones —temporales, culturales, de emociones y referencias— las piezas continuamente son breves, como viñetas que intentaran condensarlo todo en sí mismas. No me atrevo a decir que cada poema intenta asemejarse a la idea que tuvo Mallarmé de un libro sin principio ni fin. Pero podría encontrarse la referencia entre tanta necesidad de condensación y quiebre de los límites espaciales y temporales. Si profundizáramos en la física del siglo XX, diríamos que hablamos de deshacer de significado cualquier concepción de universo. Otra eliminada de *Hacia Yukahú* es la autoría, por lo menos en intento. Los poemas enuncian situaciones sobre el pasado, los behíques, Santo Domingo y hasta la idea de patria. Pero en casi ningún caso el que levanta la voz aparece en primer plano. Es como si buscara la ausencia de autor de la que habla Bellatín al referirse a sus juegos y cameos dentro de su obra. Esta búsqueda es más evidente cuando se conocen los otros autores que confluyen en Cabrera. Sustentan aquella propuesta artística también señalada por Bellatín en la que parafraseando diría que el artista es como un monje, a tiempo completo. Continúa explicando que en medio de esa vida monacal está la impostura. En Ricardo la impostura está no solo en sacar su autoría de la obra sino también en llevar al plano de su realidad objetiva una suerte de creación continua en la que él es su propia obra. Por eso, quizás, beba continuamente de Zacarías Espinal a Pound, de las bachatas de Juan Bautista a Luis Díaz y Fray Ramón Pané.

La deconstrucción cultural que introduce Ricardo en *Hacia Yukahú* parte de la construcción que hace en sí mismo, tomando como clave de bóveda secuencias heterogéneas, como fotogramas, que conformaran una memoria abigarrada y sin sistema evidente de organización. Esa es tal vez la naturaleza del "neobarroquismo" que algunos suponen en cierta parte de su obra. De ahí que su poesía se abandone a la invasión de referencias sincopadas y en contra punto. La disonancia entre un significante y el significado siguiente abunda en consonancia, o mejor dicho, hilada por las aliteraciones que le permiten imitar melodías de continuo nacidas en compases de tambores. En Cabrera la música justifica al poema, por lo que ofrecer un discurso como hilo para Teseo se sugiere aberrante. Más bien cuece los laberintos en cada verso con los girones de las faldas de Ariadna; con las hebras cortadas borda el rechazo propio a formas estructurales demasiado angulosas.

Algunas ideas entre comillas: Lo taíno sirve para releer el presente como una suerte de decadencia; representa la luminosidad y el disfrute en sí mismo. El disfrute se manifiesta no solo en la invocación continua de la cohoba, sino en el taíno propiamente dicho. El pueblo de hombres y mujeres en medio de los bosques, mitificando cada símbolo de la naturaleza viene a ser un culto, por decirlo de alguna manera, a Baco o al hedonismo porque sí. Otra vez es la interpretación de arte por el disfrute del arte. Lo que siguiendo una línea de pensamiento que va de Ricardo al libro y a sus lecturas, conduce casi de modo determinista a un guatiao entre el dios Pan, los cemíes y los contenes de Santo Domingo. La decadencia, en cambio, aparece encarnada en los navíos españoles, las barbas y los escupitajos. En *Hacia Yukahú* la voz se levanta para señalar al frente. Los españoles simbolizan la miseria, como cantar "Misery is the river of the world". Y lo deja claro cuando dice:

> *Decadente criatura*
> *Nos darás el corte, la ciencia, el augurio*
> *Nosotros conocíamos cohoba*
> *Silvestre dios de la felicidad*

A sinceridad considero que este sería un tiempo adecuado para que Ricardo se muriera, en el sentido más literal de la semántica. Primero, su obra podría aproximarse a una lectura que no se manche con su presencia o los comentarios sobre ella que pudiera hacer. Pero más importante, porque sin él, *Hacia Yukahú* puede acceder a múltiples lecturas. En más de una ocasión dijo —y aquí lo trato como si esto fuera un panegírico— que cada persona lee lo que le parece. Su idea tiene mucho que ver con la pregunta de Borges respecto a los cómo leer. Borges entendía que el lector de su época tomaría la obra desde un punto distinto al de tiempos futuros. Algo similar plantea Gombrich en Arte e ilusión, cuando narra los distintos modos de ver la realidad en una representación pictórica. Justo a eso apuesta Ricardo en su poesía. La multiplicidad de interpretaciones posibles. Y para tensar más la cuerda y que cualquier cosa pueda ser cualquier cosa, apela (vuelvo atrás) a las referencias. Es un poco lo que Octavio Paz propone cuando dice que un poema evoca todas las experiencias anteriores del lector, pero que si no consigue capacidad de evocación en cada imagen, entonces no funciona. Y a la idea agrega entonces la historia, no del poema, no del poeta o el lector, sino del mundo. Solo si entendemos por mundo lo que Bellatín llama el todo o Rumi el amado. Y en ese entendimiento queda fuera cualquier limitación espacial o temporal. Por eso inicié diciendo que *Hacia Yukahú* era un libro sin pretensiones de trascendencia. Evidentemente mentí. Es solo que sus intenciones se vuelcan sobre el caos. Se trata de mimetizarse con el entorno más que apoderarse de un espacio en el canon de una crítica anacrónica.

Belié Beltrán
Santo Domingo, Febrero, 2017

*El *Libro de Sayo* es un poemario inédito de la autoría de Ricardo Cabrera, en donde éste hace uso de un alter ego llamado Sayo.

Sangre versátil

Carga las pipas de manatí
    Bachata tu noche con huellas canela
  Todavía versan murciélagos las catedrales
Otra nota
  Otro disfraz de cadáver
Soy los hedores de mi selva perdida

Galeones

Gagá   en las ojeras de la playa
    Gagá   gangrena, de papá el azufre y el adentro
Gagá   esperan condimentos
    Mis huesos retumban
Por sobre   toda   la   Isabela

Rémora la rema

Ritos especulan una mujer culebra
   Los insomnios amortajan tarde
Bija en el río
   Bañamos las piernas aquellas, venidas del horizonte
   Mujer culebra nos llora panteones de orgasmo
      Mujer y río son el mismo fantasma

1492 en tus ojos de endriago

Tafiá. Tafiá. Tafiá. Tafiá. Tafiá.
Moonshine el clerén
      De los huecos salen los behíques
Los que maman la teta de la cueva
   Esos nosotros
Tamos borrachos por matarte

Casas y Cosas

mi poema es una pantalla estallando en sus córneas de bestia
verdor prístino con los adornos de míster Bartolomé
mi poema se aglutinará bajo tus manos de cazador
casos vendrán a la heraldía, y seré el mejor santo y la mejor espina

Llueve metal

Cuando la pisada de Europa
                         Simples gorjeos angelicales
                                        Plagan el
                                    [trono psicodélico
De YaYa
   Cuando Europa cuela su café informal en mis manos
              Todos los asaltos húmedos
Son el mismo color de la aurora
                 Cuenta el cuento que fuimos a parar a la
                                                 [pólvora
   Vuelta al cielo como agua bendita
       Sacristanizado héroe
     Mueca espantosa
  Yo seré tu Europa señor, en la batalla siguiente

Comedia

Al severo cardumen que retumbas
Cosecha bongó de caña—brava bongó
Cobre al Escrúpulo magullado mamá
Cobre flecha sabaneando conquista

Al severo número en galerías
En ti jugaban huéspedes de noria
Cosecha café de tardes y pausa
Soria sería tierra de su centella

Amigable deidad del pasto erecto
Fláutanos otra gota rojo hueso
Muerde nuestros poros con cátedra

Al severo terror blanco, bongó bongó
que con sombras hurtó la luz al día
todo cautivo hereda los clavos

Capitulaciones

Decreto bostezar demasiado arriba de los campos de algodón y yuka
   Decrépito
Asunción me llama para la tarde criolla ante el arado
   Una aparición me bosteza unas letras de otros aires
     Asunción fue muerta por el blanco acero de aquellos
Yo el lugar aparecido
   Accidente del noema
     Tarde pero siempre a reloj, a camino contra el Camino
Alejando el salado que otorga memoriar   Asunción
   Tomo mi cobre
Abro la tierra de la que soy rudimento y creación
   Entierro al patrón y su familia
Y recibo el purgamiento de entender mi alma menos oscura

RES NULLIUS

Ahora comprendes que te pesan los tiempos,
América te espera como carne de boda.

Manuel del Cabral

      Has venido aquí con tu verbo y   tu   molde
Quien quiera un verso, lo escupe a lecho de vida
      Has venido   sin nada que   decir pero las armas
  Decadente criatura
    Nos darás el corte, la ciencia, el augurio
Nosotros conocíamos cohoba
    Silvestre dios de la felicidad
Cuaba arde
    Ké es naboría,
Ké son los astros   rompiendo   tus huesos   de dragón
    Cuaba arde
      Malditos manchan nuestra casa   con su blanco
            Ke por infinitos — rayan y rayan la época
Has venido a venirte   con tu dicho, tu saña
Harapiento guamikena, mercenario del reino, con la sangre Tiradentes
  Escribiste la historia de nuestra selva
    Con caucho — oro — mirra — astillas de naborías buscando
                                     [el idioma del
                                          humo
Cuaba arde
  Nazca el hedor de tus huestes en el credo
    Cuaba arde
      No escribiré sonetos, mi idioma será el Yuna

Arcabuz

Antiguo dragón de infantería exhumado para cristianizar a los
[salvajes.
Usábase, también, para promover negocios con especies minerales a modo de hidalguía y diplomacia.

Punto.

No más cholula en tu escote Malinche
   No más mortaja Mencia a tus juegos Guarocuya
todavía
   o todavía el asfalto no llega a mi tinta
   o la mirada esquiva postrer mártir
Ovando creó conventos y acicaló la agricultura
Todo el germen de lo bucólico y lo clerical
   Son una sangre originaria
¿La viruela te mató Malinche o el semen de la traición?
Noche triste te supervive cortésmente
   Español, migaja de la vieja Europa
Zapatilla vedada del último gnosis
   Siempre volarán como urracas las mortajas
A ti Mencia de flores
      Guarocuya de barro
   No mencionemos el oprobio de la carie más oscura
Ovando
   de quien podemos ver su estatua en la Plaza España

La caza

Iguana la iguana y hutías se astillaban con arco / sagita
Mucho diestro todos, respondían pues a la agilidad del imprevisto. Lancetas o trampas eran el resto de acuellas elucubraciones de formar trampa.

La costumbre calcina. Las sábanas no exento de tantos. Acorralar es un verbo prudente a estos lares. Recogían el chicharrón tiempo después.

Madera copey a punta de flecha, todo astillar de manatí es bienvenido.

No usaban animales hogareños, anomalía fue aon, perro sin ladrido y la cotorra verde, que hablaba hasta por los codos.

Dujo vs. Catedral

Dos parcas tienen fotuto
Dos parcas tienen fotuto
    Aurora milenaria que masticas mi muerte
    Llévame al hosannas de la nausea
Dos parcas tienen fotuto
Dos parcas tienen fotuto
    El diccionario de Adán no me lo dieron en la escuela
    I speak uncle's words
Dos parcas tienen fotuto
Dos parcas tienen fotuto
    Prendo mi mano a la mano del río
    Estrellas ahorcarán mi flor de oro
Dos parcas tienen fotuto
Dos parcas tienen fotuto
    Y de la noche los incendios del guamikena
    Funden mis silbidos de bestia insurrecta
Vestirnos de pureza ante la sal del malecón
    Lugar de llegada de todas las rameras
        Abro mi libro de sapiencia
            Inserto una queja de viento y sereno
No me asentaré en ningún rincón,
            aborrezco mi pasado

Haijin de yuka

Moro en tus ojos
  Calla tu flor perdida
iguanas cabalgué

**espinela evangelizadora
y
sucesos infaustos de la anterior gestión a la tierra de los perros**

con Tierras para la cristiandad
forjó candelas torcidas
época Pizarro mira
página en el viento levantad
un cura la noche en libertad
acecho y cobre hundido
bien que mal el plebecillo
tormento de todo sueño
hormiga fútil del leño
vistió sombras al recinto

EnTroPisMo

Trópicos repoblados por lo hermético
Artilugio de carnes
  Dracones   invocan su paladar más claro
 Es tenor de aves a piso sereno
  Sol que evoca su semilla de infierno
Solemne sobre la huida primal
  Trópicos repoblados por mujeres al revés
Mutando los cuellos, las camas y sus luchas
 Arena infinita en sus trenzas
Laberinto lunar sus besos
  Para la invocación se hace falta un rubio extraviado de sueño
Perforando la selva de su memoria
Todavía hay lluvia en sus huesos
  Quédate en la espuma   de otros seres
Quédate   en tafiá. tafiá tafiá. tafiá.
   quiébrame de ron las heridas   de   las   playas
trópicos   repoblados, cuarteados por   cruzadas   y signos masones
   compás a mis iglesias
  inocente los querubes   hierven sus callejas
aones de la isla repoblaos
   levantar su dialéctica   de fogata vaivén
juracán   tritura tersos torsos   criollos
  es hora del salcocho   en el monte Maimón
indagar a perenne Yuna,
  recobrar Heráclito, Artemisa, Arjuna,
     volver a terminar un punto de tragedia al revés

Historia del rapto de Asunción

Odio la campana que me rige
Fuera destas vendas
Anoche concertábamos un ídolo mártir
    Solenodonte de bija y hechizo
Juego mi tránsito por la colmena
La campana retumba su idioma postizo
Criolla lame entrepierna
    Leche o cuaba
  Escruto luces
Robo la amada hacia mis confines de bacá

INDO—EUROPEO (fábula)

Ha parido cenizas
      Crápula picarón fortuito
Carey de las aguas   picantes
    Tenemos   que conversar   palenque y colmado
   Mi cruz, exportación de alas muy de cuervo
Armagedónico hedonista de cal
   Pintarrajeo navíos, el fuerte monstruo Santa María
de arder es, en tu ceremonia solar
Diego de Arana
  Pedro Gutiérrez
    Escribano Rodrigo de Escobedo,
      Yukahú   así lo dicta
De la mano de oro de   Caonabo
  Afinca tu crónica de indias
Casibajagua ¡oh! Casibajagua, te regalo este blues   del primer viaje
    Metempsicosis del continuum
                      Rizoma   vulnerada
                            [por mástil
  Casibajagua   cenizas pariendo
viajero Nilo viajero   Ebro   viajero Artibonito   viajero Tigris
                         [viajero Ganges
  viajero Amazonas   viajero Yuna   viajero…

...   ...

> *y se va la yola*
> *y se va*
> *y se va la yola*
> *y se va.*

Luis Días

A la estigia se llega con un pelo de ángel
  Una pluma angustiada por lo verde
A la estigia se llega por el Ozama
Pagando marrones a un tiguerito harapiento
A la estigia se llega de vez en siempre
Con un pichón de cuyaya atado al sístole
  Mi navegación no es de primera
Scat de los pueblos estirpe divina
Bureando tinieblas Proserpina
Miseria que ausculta su palmera
  A la estigia se llega con manzanas mordidas
Vibrando olas duquesa
    A la estigia se llega por un ojo de gallo
Epopeya sublevando zemes
    Pisamos con riesgos negros
Misántropos trasvestidos
  Peregrinos son el gritar
Levadura sinsentido
    Arúspice del errar
      Sermoneo tus latidos
        Herodías a mi cabeza
A la estigia se llega al revés
  leonados besos a Charon
Estigia somos todos
    Bienvenida madre Hispania...

Naborian Rock

Toda confección de ángeles nos heralda azufre
                  Rictus metal concertaba gruta Santa Ana
Mosh panacea, circuitos under
               Constrictor gutura ancestro, juez / parte
Legionarios hijos, Tiamat encarnecida
          Vapores aparecidos que su filo lunar perfuma
Rictus riff por secula seculorum
       Toda confección de infierno pasa por herrumbre divina
Sueño de serpientes devorando silvios silvestres silbantes
                Comuna tu Europa arlequín de abasto
Valle Inclán nos recuerda basiliscos tiranos
           Tomamos vodka cranberry después del aquelarre
Sueño primordial dracónico
          Uroboran formas, báculos conciertos babel
El cielo / averno besa su fuente de espada
                      Fuente roja y gualda
             ¡TRIUNFA ESPAÑA!
           Los yunques y las ruedas
             cantan al compás
             del himno de la fe.
Rictus riff por secula seculorum
         Toda confección de sombras es HAGIOCRACIA
Pico Duarte a Fosa Milwaukee
            Agua bendita pa'los pueblos de yuka
             Agua bendita pa'los pueblos de yuka
              Agua bendita pa'los pueblos de yuka

Oficio de tinieblas

Tres marías bebidas con alcanfor
11 apóstoles clavando rosas en costado
    15 cirios anocheciendo ánimas descubiertas
Traspié de miserere
    Benditos los sin ley

Kyrie

Horror flotante
Ese rugido de escaleras
viste oración
empala
        oscurante
        muebles suspiran polvo
libertad agitada
el madero apolilla su hablar

0vand0

Nazca verbo sapiens y están juntando su savia
en fogones
Ovando nazca, estás siempre naciendo del metro
y las llamas crecen como raudos estandartes
y la rabia embota los farallones del silencio
Nazca verbo sapiens y están juntando su miedo
en fogones
Ovando, por favor nazca, y líbranos de todo el mar
   Demos cretein
     Fobos cretein
       Nihil cretein
y el disparate de nacer ficticio, sobre una mesa de caoba
Nazca el cañaveral y la mina
Nazca el negro
Nazca el quilombo post apocalíptico
señor Fray Nicolás de Ovando Nazca para nosotros
en el repique de iglesias de sangre
obléame la vita nova
Diabolus in Música
¡Paganini tócate otra de amargue!

noctífago

amanece la muerte en casa
  Tingó
    Otro Gilbert
  Otra permuta espejos
      a la maldita madre de C.H. Burton
    Merengue de tierra
  Altares fugan gentuza clandestina
Lemba   Lemba
  amanece San Felipe
De sangre. De semen. De lluvia. De llanto.
Lemba   Lemba
  Vértebra   1532
Trapiche trafica cachaza
    Lemba hijo África, Yuna del caos
   Trapiche
     Romo a surgir
       Drogan caudales de asfalto
amanece la casa en negro
  baile merengue de tierra

invierno / infierno

escalera abajo todo cabe como tinta de sol en gazpacho
aves de alcohol indómito
tantán garrucho, vetusto diván
foto ágil — levemente ágil al abrir gavetas
viene el frío   o   viene   el carbón
  bucaneros   arropen moscas
                        somos la tortuga infinita Aquiles

...TRÁNSITO

Vuelves... ruedas...
                  Recato de javillas empolvan alas
Lutos de crenchas de azogue aullando
  ...vuelves... gallera de Longinos
                Arropas las musas de los tendederos más claros
Esclava hebrea...
  Escanciando el rojo del cielo

325

               Carnaval   abría   *astros* abría fosas
Manos de ánfora pero cuchilla
Elevada misantropía   séptima esfera
           Penélope occidental   /   cose mis harapos

Nuova vita

Dante duerme
        /
           averno fundando círculos

Qasida Negra

  Apisonado mito alumbra
África culebra de baile
  Ya te aferro ya te has polvo,
Mas no lágrimas permutan barros
  Penitente gloria las palmas y abejones
Tribu Cervantes relumbra tus cadenas

las f(l)echas de(l) ámbar

Permite la potestad de los engendros militantes a las horas y el embrujo cuela sus borras para que del cielo Nadie amanezca sin ton ni gatos impuestos de la alcaldía o los rubros de la sangre de oro muestra sus heraldos herejes (h)er(r)ando la caña brava a lodo & la incierta mansedumbre del ritmus involucrado es tu astro centro ojal sacerdotisa del palo y las lenguas de cera negra a marranos la culebra del poste donde dardos psicodélicos recorren la Vega vieja el jima el huracán violao pos los erarioS gigantes de bostezar arpías fisgonas de gárgola midiendo la podredumbre del ángulo de los aéreos pistones del fuego para morder entre la sopesada niebla calina, siempre ciudad, perro de todos los rincones taínan la verbo zónica perugruesa pendejada de himnos anarcogramas pintados o pintando la atmosférica transeúnte de nuestro lado a todo culo de poder trama a mirar muy determinadamente cerca los chacales o jaguares del tono y el agua de siempre morder............retornar belfo fonéticamente el espinazo central de la cordillera
Duarte, duarte, duarte: y todo pierde el sentido cuando cierran puertas

Sendero de doce versos

Señor:
Esa muchacha es bonita.
¿Por qué?
Porque tiene el alma como un pedazo
de algodón.

Zacarías Espinal

Es capricornio en el cielo y no he llegado a tu casa
   Negra, ya moro por seca tierra
   Ya ruedo sin grasa por motores solares
  Ahorcados brincan a mis cartas sureñas
Negra, ya moro por secos surcos donde antes había llantos dulces
Tela mojada en bateas
      Idioma para pringamoza y guandul
Ya la casa se me hace lejos
   Siento solo el resquemor de la cuaba alumbrar el vacío
Negra, en el cielo los algodones se pudren de plomo
   Dios está viendo todo este sitio malherido
Mientras escribo el camino, con mi cuerpo

CENTURIAS

   Catafalco medieval
Diluye horario
  De ficha funde
El hueso de la marea
    Pues donde hoja permea
Trueno indecente
Cuando una *virgen es un bosque espeso*
          Cáliz Isabel inunda
                         [crónica de indias
  BESTIA sobre todas las aguas
Sonámbulo semblante enlabia
  Y de tierra la rabia
Que antes nos   embriagó
Callejas, lunas, peceras
    Instantes   de putas ganas
No es posible que endriago
  Con la noche se tragó
Mas un pisco de mapuche
     Aterra la sacra tierra
  Y es dorado en tu sombra
Mi querido   salvador

lXs otrXs

A la absurdocracia que nos aconteció Anarkismo
Al necroloniaje de los ingenios
Al puro sazón de himen quemado
He de rezar 100 aves mariadas
  La voz pace mejor que los caballos reinantes
quán deshonestas y perdidas quisiesen, y las más disolutas tenían más cierto
      Regresé para siempre, quién me lo iba a decir
A comer el pan y la guerra
      Ciguapas de playa carmesí

Cruzada 0

Rojo del cielo que perteneció
  Vapores de cruz
Soy homúnculo a sus maneras
        Mancha de azufre en su cena
  Rojo del cielo
Quebrada cayena, delicable
  Vapores de cruz
Aforisman mi areíto primal
  No hay lengua   sin fuego, dicen
Ningún halo pa' deidad otra
      Atardecer escancia yaguas
  Plaga blindada
    La teta de la piedra,
                      pedirá sus nombres perecederos

Máquina abstracta

      Y para quebrar duda
    Fluyes para estados
Pactas códigos arancel o querellas
        En este punto,   cual anarcos hundiendo torres
En lugar de guillotinas de zinc
              La vela besará libros
      Más que nada pero siempre
         Repetiré tu cárcel
                        Que aúlle el tintero
Que la boda sea larga
    ¡Pobre Cemí nadie le dijo que dios era blanco!

Puerta de sal

Aura imprudente / todo veo
/ gotas de horror dorado /
Solo de tablones / mi navío, amigos y yo / tronando regreso /
A reina ir a verle / fortunas llevo mejores que'l cielo /
botella en mano / orgía de ruido
/ changó nos ataca /
Lo cuidó Dadá / vemos muerte /
 El fluxus que flota en la flora del mar /
Aura imprudente / todo veo /
Candor de ojos cerrados / salitre /
Vamos a verte viento / recolector de huesos y voces
/ rompe maderas
/ sal / adentro quedo con botellas de ron /
Aura imprudente / todo veo
/ estaré aquí / viajando siempre con la tormenta /

Grimorio de la yuka

                  Péndulo ritma:
    Deminán Caracaracol
  único de nombre entre
4
Dador de los silencios del fuego
        Ligada está su trama con
Bayamanaco
    Espíritu instructor de la cohoba
Y abuelo mítico de los Arawaks
        Péndulo ritma:
Pierden sus perentorios
   templos
Sello de la luna:
   CLAVÍCULA KETHER CLAVÍCULA NIX CLAVÍCULA
         Y en flamas
 Infectas
     Faros
        Fumus
Péndulo ritma:
    Día de ser en tierra
andras   *volac*   *zagan*
 triste eclipse de perros
comen del señor

homenaje a un país muerto

> *Se reúnen un día los parientes del muerto, y esperan al susodicho behíque, y le dan tantos palos que le rompen las piernas y los brazos y la cabeza, moliéndolo todo, y lo dejan así creyendo haberlo matado. Y por la noche dicen que vienen muchas culebras de diversas clases, blancas, negras y verdes, y de otros muchos colores, las cuales lamen la cara y todo el cuerpo del dicho médico que dejaron por muerto, como hemos dicho.*
>
> **Fray Ramón Pané**

…lacia sucia arena magra triste pútrida arena
lánguida macabra triste arena fétida híbrica azul arena
lenta ventosa locuaz arena sucia perfecta feral
arena tosca parda hueca vital arena muerta seca cetrinarena
impúdica verbosa intacta arena loca viral negra arena
negra tramposa fácil estoica arena invicta sonora sangrada arena
hábil flagrante fecal arena alta minerva heráldica
hospitana arena
tonta fiel frugal arena
mirlo borrosa ilegible arena basta tarda duenda golosarena
hija arena ciencia espejo diván arena
tiempo vaso loco arena
libr0 breve tenaz arena
lacia sucia arena magra triste pútrida arena lánguida extinta incólume arena
rauda quieta grave arena…

Educare

La embestida del cosmos
Tiza preña pizarra
Vieja mueve el café, desborda en los campos
Para que siga lloviendo el negro
Untamos cabellos y es vapor
Zafra interminable
Creando más negros en las espadas verdes
Créame señor, de nuevo, para beberme todas las tardes
en la precisa porcelana de aquellos tipos

agüero

Yuka en silencio
Si behíque de barro
La noche será

Levente

trata de ser un poco menos perro Bartolomé
arritmia del corazón son dios viéndote
toda
levanta tu lata, viejo cartón de maizal, concubínate una loca muerta de
[la gómez
levanta tu lata, pergaminos de abogado notario
ex proletario, ex prd
trata de ser un poco menos
te la pasas con ojos a tus banderitas descolorías
ya no es así la vaina
tamboras con brujal nochencias de escote
madrugaderas sepia
barto mano, quítate de esas manías y siéntate
llora un poco
total
 no ganas relojes en el bingo
barto mano, ladra menos
aquieta el cachimbo
callejas con grasa mueven la máquina
a las 6 todos en molde al oficinato
no seas tan perro
sufre con nosotros

Hilo ancestral

Son un colmado. Romo
   Que me parta, he visto galeones todavía
  Entre el Conde y Quitasueño
Trans—húmeda
 ¿Por quién?
Grave vuelvo
de
la montaña
    adoquinando el paso feo de las chancletas de est@
              [duarte marrón
e'te colón adoctrinando yeguas y paladar
 dices tú:
Luz Esperma Escarcha
    Somo' colmado, pero ven a cantar conmigo palera
           El palo es viejo
    Míralo al miocardio
    Centavo sentado
    Tira la chichigua
     Besa los nísperos de lejos

...caos después del caos...

Yo el Concepto
ante sombra de yola o seres de jobo
Sol y Luna
lo demás
C
  A
    C
      I
        B
          A
            J
              A
                G
                  U
                    A
                        vientre tremendo
                            culebrea
                            surtidor de tiempo
                            lo demás
                      S
                  E
                M
              Á
            N
          T
        I
      C
    A
punto
humo en la lengua
pregona el gavillero
cultivando signos
lo demás
        C O N C E P T O S   lo   A F U E R A

Reliquia transcendental

Cartógrafo Piri Reis, entera ola
Ayudaste al macabro almirante
El misterio con sus naves soñantes
   Desnudó con fe la primera hora

Parturienta luna cobijó ranas, entonces la tierra blanca y su menhir
   Su aroma pretérito
Hizo el ragnarok   de las hupias come guayabas para contra
Los goeizas gozosas en el turey
Extirpando ombligos al sereno de los ancianos behíques
                                                                [fundacionales
      Se quedaron ciegos
Empotrando la daga bizantina de su necroloniaje
Hasta donde llegan los rugidos
   Entre Boyer o Wessin
Nació la sangre, convulsionando   *tigre tiburón tigre*
                        Túneles arrabales del mismo pregón
Come el obispo un coño bien caracolado
            Vino, sangre, tejido … confort   de primer mundo
   Llueven esquirlas de Salomé por el collage del gagá o sus
                                                  [frituras prestan
Otros vehículos
                  Ayudamos al almirante a fundar chalequitos
                                                  [franceses
Rojos romances de trabuco y   pendón
         Mientras de estas ojivas tardogóticas
Se drogan con grafitis los conventos
      Soy tu Perra señor
Pero articúlame un orgasmo diferente esta noche

Soy tu perra señor
Pero hazme soneto para quedar en tus fauces de cantor
   HUPIAS   son   bacás   orinando   mogote   abajo
Quitando ombligos
            Santo y seña castiza :   ¡conquistador! Ah, que no
                                        [las   traes servida diferente
   La cabeza de Anacaona nunca sería más prístina y hermosa
                                                        [que agora
…es que nos añoran tanto…
         La ovando choca con la duarte
Cartógrafos dominiperros incautan la cohíba
            Guanajatabeyes sin cemí
   Nosotros areitando la cohoba, el juego, el mangle
Vámonos a Hispania a buscar nuestro Oro, nuestro cuero
                                        [derramado en su Mancha
Vámonos pa' Hispania a buscar al **negro aborigen mestizo zambo**
recortado de la histeria
         Vámonos al Yunque a llovernos de dios eterno,
Alquemizar el ombligo Yukahú Baguá Maorocotí
         Entrar en la polémica puerta
Delirar querer ser lágrima postiza   de los limpiabotas de   américa
   Mirar   mis mosaicos   templarios impartir la rienda abstrusa
Navegar un Nao que no es Atabey hasta la costa de ángeles
                                                    [muertos
Es acerca de tiempo primero en que la clase sueñe
    Para fórmulas y cachivaches
Un   grito de bosque
         Un solenodonte desvelado
         Es acerca de tiempo que nos encontremos en Coaybay

Zompopos
El libro es un Zompopo

Hacia Yukahú
de **Ricardo** Rafael **Cabrera** Núñez se terminó de editar y diagramar en marzo 2017, en New Hampshire. Esta edición estuvo al cuidado de Keiselim A. Montás, de **Élitro Editorial del Proyecto Zompopos.**

Élitro Editorial del Proyecto Zompopos
El libro es un Zompopo
(*The Zompopos Project*)
New York – New Hampshire

Otors libros de **Élitro Editorial del Proyecto Zompopos**:
Amor de ciudad grande (poemas, 2006)
Allá (diario del transtierro) (poemas, 2012)
Cuando el resto se apaga (poemsa, 2013)
Islamabad queda al norte (poemas, 2014)
En sus pupilas una luna a punto de madurar (poemas, 2015)
Como el agua (colección de Haikus) (poemas, 2016)
Like Water (A Haiku Collection) (Poems, 2017)
Todos disponibles en: http://editorialzompopos.blogspot.com/

El Proyecto Zompopos: Este proyecto promulga al Zompopo (*hormiga corta hojas / atta cephalotes*) como un símbolo de cooperación entre los humanos y nuestro medio ambiente, identificando intereses comunes en necesidades, cultura, lenguaje e ideales. Propone un auto-examen de nuestra cotidianidad y una revisión de nuestras formas de consumo para dar nuevos usos a objetos que normalmente desechamos.

The Zompopos Project: This Project champions the Zompopo (*leaf cutting ant / atta cephalotes*) as a symbol of cooperation amongst humans and our living environment by finding common ground via needs, culture, language and ideals. It proposes a look at our daily lives and a revision of our modes of consumption in order to find uses for objects we would normally discard.

www.ingramcontent.com/pod-product-compliance
Lightning Source LLC
Chambersburg PA
CBHW020627300426
44112CB00010B/1231